Vergeten Liedjes [door] P.c. Boutens

P. C. Boutens

VERGETEN LIEDJES
DOOR P.C.BOUTENS

DERDE DRUK

Ir. T. W. L. SCHELTEMA
5603 Sonoma Road.
Bethesda 14, Maryland

VERGETEN LIEDJES
DOOR P. C. BOUTENS
DERDE DRUK

UITGAVE VAN C. A. J. VAN DISHOECK
TE BUSSUM IN HET JAAR MCMXVI

DE ZIEL SPREEKT

Lijd getroost; want ik zal klaren,
 Eer uw tranen zijn vervuld,
Tot den lach die al uw jaren
 In zijn éenen luister hult.

Laat door venstren van uw oogen,
 Open steeds in lach of leed,
Tot mij binnen dit bewogen
 Licht van God, dat leven heet:

Als de zon den morgenregen
 In den middag achterhaalt,
Tot de wereld allerwegen
 Van hun éenen luister straalt,

Zal het masker uwer trekken,
  Vóór het in den dood verstijft,
Nog mijn eigen glorie dekken,
  Die u tot den einde blijft.

Na den klaren avondluister
  Van uw oogen en uw mond
Wachten door hetzelfde duister
  Wij denzelfden morgenstond.

RIJK GEMIS

Als onwisselbaren schat
Draagt de ziel heur rijk gemis
Door de bonte wildernis
Van de groote menschenstad:

Heel de volheid van haar hart,
Nardus in zijn broos albast —
O te liefelijken last
Voor dees markt van vreugd en smart!

Stil, want hier of nergens woont
't Jong en uitverkoren hoofd
Wien uw balsem is beloofd,
Dien gij straks tot koning kroont...

3

Of om hoek van avondstraat
Straalt in gelen lampenschijn
Aan het wereldsche festijn
Van uw god het bleek gelaat.

En gij wankelt door de deur:
Over hoofd en voet en stool
Uit gebrijzelde fiool
Stroomt de schat van vloeibren geur.

IN DEN MIST

De zon wordt onverbeeldbaar schoon
Boven den mist die houdt omhangen
Der wereld windestille woon
In dit verteederd dagenlang verlangen.

Weêr blankt de boschkamp, een besloten zaal,
Een witte kamer die de bruid verwacht,
In smetteloozen glanzeloozen praal
Op uit den zwarten nacht.

't Berijpte hout van alle kanten
In gaasgeplooiden wand verscholen
Reikt diepe tuilen van chrysanthen,
Asters en gladiolen.

Daar daalt langs wolketreê uit hoogen toren
Van naakte voetjes luidelooze tred:
Leden omsluierd overgloren
Het sneeuwen statiebed.

NA HET FEEST

De roode heugnis van dien nacht
Heb ik in stille zon herdacht
Tot vreugde die door tranen lacht:

Nog onverbroken bleef de rei;
Wij waren veel en velerlei;
En geen was droef, en elk leek blij.

Wij hadden ons op 't feest verlaat.
Het donker door de leêge straat
Keek als een gast die weldra gaat.

Een hooge onzichtbre vogelvlucht,
Maakte de morgenwind gerucht.
De sterren bleekten in de lucht.

Toen vlood ons aller moede lach
De trillende oogleên van den dag
Binnen dat huis van schel geklag.

Daar hielden venstren dichtomhangen
De moêgewaakte nacht gevangen
Bij valsch klavier en heesche zangen.

Boven der gasten ijlen ring,
Een tuil verwelkte rozen, hing
De luchter van de zoldering.

In wolk van rook verheven stond
Een schim en zong uit bloeden mond,
In 't vaal gelaat een open wond.

Als een die smart met wanhoop sust,
Wier onrust niet meer hoopt op rust,
Zong ze, onder liefdes naam, van lust.

Toen zeeg op ziels verkleumd gemis
In killen dauw de droefenis
Die vreugde zonder blijdschap is.

In aller oogen en profiel,
Ineens alsof een masker viel,
Rilde de kommer van de ziel.

Alleen uw eenig aangezicht,
Als in een ver ontastbaar licht,
Bleef van Gods bloemen opgericht.

Als een mysterie onvermoed
Scheen van u uit in klaren gloed
Gods licht dat elk aanbidden moet...

Een donkre vrouw rees van den wand
En schaterlachte naar uw kant
Lach als een mans gebalde hand.

De zang verstomde, de muziek
Smoorde in een klagelijken snik;
De stilte zwoelde tot paniek.

Geen rees of roerde of fluisterde er.
De lampen gloorden duisterder.
Gij werdt als onbereikbaar ver.

Ik zag het gouden mededoogen,
Den glans van uw verheerlijkte oogen
Over haar duistren lach gebogen.

Als wie een aalmoes niet begeert,
Die onwelkome weldaad weert,
Zag ik haar oog naar u gekeerd.

Ik zag uw hand aan haar geleid
Zooals men troost een mensch die schreit,
Zooals men sust een kind dat lijdt...

Ik zag haar siddren als een riet;
Als wie niet wil wat haar geschiedt,
Kromp zij ineen en droeg het niet.

Haar hoofd zonk in der handen scheel;
Zooals een snaar springt op een veêl,
Snikte de smart op in haar keel...

Straks op de thuisreis aan uw zij
In stille zon dacht schaamte blij
Hoe zij geweend had ook voor mij.

INVOCATIO AMORIS

Dien de blinden blinde smaden,
  Daar uw glans hun schemer dooft
Waar de kroon van uw genaden
  Weêrlicht om éen sterflijk hoofd:

Door de duizenden verloornen
  Aangebeden noch vermoed:
God dien enkel uw verkoornen
  Loven voor het hoogste goed...

Door de kleurgebroken bogen
  Van de tranen die gij zondt,
Worden ziende weêr mijn oogen
  Als in nieuwen morgenstond:

Zien de matelooze wereld
   Stralen nog van zoom tot zoom:
Heel de matelooze wereld
   Bleef uw ongerepte droom!

Laat mij onder uw beminden,
   't Zij gij zegent of kastijdt:
Blijf mij eeuwiglijk verblinden
   Tot het kind dat u belijdt.

Lust en smart in uwe banden
   Werd hetzelfde hemelsch brood:
Eindloos zoet uit uwe handen
   Laav' de laatste teug, de dood.

VOORJAARSSTORM

Voor de oogen van de voorjaarszon
Strekt winter weêr zijn wolken hand.
De stoere zeewind dorscht en want
Looze' oogst van lentes onrijp schoon.

Met forsche luchten streken vaart
Zijn vlegel door het rank gewas.
Hij knakt de bloemen in het gras;
Hij zeeft de bloesems over de aard...

O ziel, o bloem die tijloos bloeit
In 't zuiver en onwrikbaar licht,
Den weêrglans van Gods aangezicht,
Dien nimmer wind of nevel moeit, —

Hoe bleeft gij trouw en teêr verwant
Aan alle schoonheid die vergaat:
Den glans van 't kinderlijk gelaat,
De bloemen van het lenteland;

Eén met wat hulploos naakt en bloot,
Als voor het oog der goden gij,
Wacht de genâ van 't aardsche tij
En slechts geluk wil of den dood; —

Gij zult niet zingen sterk en vrij
Zoolang uw minste zuster lijdt — :
Als weêr de zon den morgen blijdt,
Dan voert de leeuwerik de rei!

IN DEN MORGEN

Hoe hebt gij mij genezen
   Uit lusteloozen dood
Tot al de gouden vreezen
   Van dit nieuw morgenrood!

De blijde vloed komt binnen
   En vindt mij leêg en rein:
Ik kan mij niet bezinnen
   Op den voorbijen schijn.

Ik voel het teedre leven
   Als bloed zoo warm en rood
Door sterke handen beven
   Bij 't breken van mijn brood.

16

De dauw die koelt mijn mond en
De schaduw in mijn borst,
Laaft maagdelijke gronden
Van onvermoeden dorst.

Mijn zalige oogen wasschen
Zich weêr na langen tijd
In de doorzonde plassen
Van Gods oneindigheid.

Gelouterd zijn mijn ooren:
Weêr kan ik door 't gebed
Der diepe stilte hooren
Gods heimelijken tred...

Hoe hebt gij mij genezen
Uit lusteloozen dood
Tot al de gouden vreezen
Van dit nieuw morgenrood!

HEEL DEN LANGEN LENTEDAG

Heel den langen lentedag
Tot de sterren met u keeren,
  Straalkrans om uw goudner lach,
Heb ik, lief, om u te leeren,
  Heel den langen lentedag:

  Van den leeuwrik die mij wekt
Achter neevlen hemelschermen
  Tot het diepe blauw betrekt
Van de dichte gouden zwermen:

  Gouden winden om mijn hoofd,
Gouden bloemen voor mijn voeten,
  Lief mij met den nacht beloofd,
Komen mede u te begroeten:

Elke voetstap dien ik zet,
Wordt tot klanken en tot kleuren,
  Profetie en bont gebed
Naar uw avondlijk gebeuren:

  Heel den langen lentedag
Tot de sterren met u keeren,
  Straalkrans om uw goudner lach,
Heb ik, lief, om u te leeren,
  Heel den langen lentedag!

DROOM-HUIS

Weet ook gij dat stille diepe huis?
Achter breede blinde poort
Kruisen eindelooze gangen en portalen
Waar men tijdelooze tijden kan verdwalen
Tusschen echo's die men klaar vermoedt en
nimmer hoort.
Weet ook gij dat stille diepe huis
Door welks schaduwigen vreê
Voet zoo licht en onvermoeibaar stijgt en daalt
langs treê na treê?
En zijn plotselinge helle kaamren op de maan-
beglansde zee?

In den koelen en verzielden toon
Staan de dingen stil en schoon,

Dingen zonder naam, maar zoo vertrouwd
Dat wij geen behoefte voelen
Hen met namen te bedoelen,
En geen klokken tellen tijds verloren goud...

U bedenken daar is u beminnen
Zuiverder dan met de blijde zinnen,
Op een dieper en ontroerder wijs
Dan u nacht of dagen kunnen geven: —
Weet ook gij dat schemerlicht paleis
Tusschen dood en leven?

DE SMALLE RING

De smalle ring, de gouden band
'Schendt niet de naaktheid van uw hand,
Gelijk uw stralend lijf niet weet
De schaduw van zijn donkre kleed:

Uw stralend lichaam lijdt noch weet
De schaduw van zijn donker kleed,
Zooals geen lijf of stof bezwaart
De ziel die door uw oogen klaart:

Geen aardsche lijf, geen stof bezwaart
De ziel die door uw oogen klaart,
Als smalle ring, als gouden band
Niet schendt de naaktheid van uw hand.

NACHT

Vind ik u eindlijk, broeder Nacht?
Hoe heb ik dag en nacht gesmacht
   Naar 't water uwer oogen.
Wel viel de dauw der donkerheid,
Maar neevlen dicht en kimmewijd
   Hielden uw blik betogen.

Nu aan den open hemel staat
De vaste rust van uw gelaat
   Zoo sterrestil gerezen —
Tot grauwe dag de vooglen wekt
En met zijn floers uw glans betrekt,
   Zullen wij samen wezen.

In uwen zilvren spiegel zag
Ziel vaak den jongen blanken lach
  Van ongestild verlangen
Naar wat de dag niet geven kon —
Uw sterren en uw bleeke zon
  Koelden haar heete wangen.

Nog altijd draagt zij geen sieraad
Dat in uw ademtocht beslaat:
  Zij komt tot u getogen
Zoo naakt als toen zij alles dierf,
En de éene schat dien zij verwierf,
  Zijn haar verheerlijkte oogen.

Mijn broeder die mij nooit bedroog,
Wij zien elkander oog in oog —
  De ziel herkent van verre,
Voorgoed in haar bezit gerust,
Gelukkig en gelukbewust,
  Haar oogen in uw sterren!

NAMEN

Wat is u of mij een naam,
Werelds prijs of werelds blaam,
Als de ziel de dingen weet en mint
Dieper dan hun naam, mijn kind?

Elk ding krijgt zijn gouden naam
Eens in schoonheids vol verzaam
Als al schoone dingen zijn
Zonneklaar en zonder schijn.

Daar vervalt het schoone woord
Hem wien reeds de zaak behoort,
Die haar diepst heeft liefgehad
Zonder dat.

PATET VIA

De wind, de zon, de blauwe lucht
Zijn immer, lief, aan onzen kant —
Daar stuit en staat in steilen wand
De stroom van 't wereldsche gerucht.

Nog ligt door Schelfzee en Jordaan
Het pad gebaand en droog,
Nog kunnen Liefdes kindren gaan
Waar Isrels leger toog.

26

„ZIJ ZIJN HET DIE ZICH-ZELF NIET WETEN"

Gij kunt u-zelf niet raden
  Als ik u weet, als ik u weet,
Hoog achter woord en daden,
  Ver boven vreugd en leed.

Geen ster van God zoo vast en klaar
  In Hemels heir, in Hemels heir;
Geen ding op aard zoo diep en waar
  Waar ik mijn oogen keer'...

Ik wil u wel gelooven
  Als gij 't mij zegt, als gij 't mij zegt:
Ook gij, gij mint mij boven
  Der menschen maat van goed en slecht...

O dubbelvoudig wonder
 Dat liefde heet, dat liefde heet,
Dat, d'ander in zich, zonder
 Den ander zich niet weet.

WINTER-STAD

In het koele gouden bad
Van het fijne winterlicht
Rijst de groote menschenstad
Tot een droomverlucht gezicht:
   Al de gangen, al de zalen
   Waar de ziel in droom mag dwalen.

Boven glansgewasschen pleinen
Waar de stille menschen loopen,
Juichen klokken uit haar open
Torens zuiver door de reine
   Luchten naar verrukten droomer
   Al den hartstocht van zijn zomer...

Hart, wat hielp ons lange zoeken,
Daar wij toch gevonden wòrden?
Al de woorden in de boeken
Zijn als blâren die verdorden
        Voor den onvoorzienen lach
        Voor den kortsten zonnedag!

BEZIT

Wanneer zijt gij meest van mij?
Als de gangen mijner ooren
Uwer voeten zuivere echo hooren
Naderen door stiltes diepe wei,
Als uw stralend aanschijn daagt,
Als door uwer oogen glans gevangen
In ontroerings mist verlangen
Als een zoete rook vervaagt,
Totdat aarde en hemel wijken
En der uren lichte vooglen strijken
Zonder wiekslag ons voorbij —
Zijt gij dan het meest van mij?

Wanneer zijt gij meest van mij?
Als ik waak alleen bij nacht
En ik neem der sterren pracht
Neder uit haar glijdend tij

Aan het hooge hemelruim,
En der zeeën lichtend schuim,
En de spiegling van de maan
Op de rimplen waterbaan,
En die alle samenbind
Met den fluistergeurgen wind,
En u denk totdat uw beeld
Vlekkeloos en onverheeld
Met mij beidt en roerloos waakt
En mijn uren eeuwig maakt,
Tot de vochte donkerheden
Langs de witte hemeltreden
Als een dauwen wâ vergleden...
En de nacht is al voorbij —
   Zijt gij dan het meest van mij?

KUSSEN

Roode lippen, blanke leden
Wijken uit hun eng omhelzen
Naar de koele heldre grenzen
Waar zich oog en oog ontmoeten
In der zielen kus.

Als de diepe blauwe heemlen
Duren over zee en landen,
Duren over dood en leven, —
Over liefdes dood en leven
Duurt der zielen kus.

Toch, ons zielen konden nimmer
Tot elkaêr in oogen reiken,

Konden niet uw warme lippen
Mijne warme lippen kussen,
Hadden niet mijn roode lippen
Uwen rooden mond gekust.

34

AVONDWANDELING

Wij hebben ons vandaag verlaat!
  Pas bij de laatste brug
Waar 't voetpad tusschen 't gras vergaat,
  Daar keerden wij terug.

Achter ons dekt de witte damp
  De schemerende landen.
Zóo zijn wij thuis. Wij zien de lamp
  In looveren warande...

Wat gingen wij vanavond ver,
  Het werd alleen tè laat:
Nog verder dan de gouden ster
  Aan blauwe hemelstraat!

Zoo saam doen twee een korte poos
   Over een wijd gebied!...
Nog liggen wegen eindeloos
   Voor morgen in 't verschiet!...

O konden we eens zoo samen staan
   Aan de allerlaatste brug,
En saam en blij er overgaan —
   Wij kwamen nooit terug!

EEN LUTTEL AARDE, EEN LUTTEL HEMEL

Een luttel aarde, een luttel hemel
Heeft ziel als haar bezit gewonnen,
Een luttel aarde, een luttel hemel
Tot eigen heerlijkheid gelouterd
    In uwer oogen spiegeling.

Maar weinig zuivre gouden woorden
Reeg ziel tot snoer en morgenbede,
Maar weinig zuivre gouden woorden,
Klinkklare sterren neèrgevallen
    Uit den gelukverstilden nacht.

Groot zijn der aarde groene landen,
Eindloos der heemlen gouden velden,

Niet om der aarde groene landen,
Niet om der heemlen gouden velden
    Verruilt zij haar gering bezit.

Veel woorden dragen zaalge winden
Van over open zonnepleinen,
Niet om der englen klare wijsheid,
Niet om der wereld zegezangen
    Ruilt zij haar simpele gebed.

GELUK

Dit is geluk:
Dit is de vreugd die langer duurt
Dan de' eigen dag, dan overnacht;
De vreugd die groeit in droomen onbedacht
En, vóor de zon den witten morgen vuurt,
Om roereloozen slaper wacht
In al der aardedingen donkre pracht;
Dit is de vreugd die zich niet meer bezint:
O onverwonderd wonder, heilge macht
Van 't dagelijks herboren kind
Dat vreugde om vreugde alleen bemint
En de aard tot in den hemel lacht;
Dit is de vreugd die duren kan en duurt: —
Dit is geluk.

ZINGEN

Zingen, lief, is zich belijden
In de naakte heimlijkheid
Waar de goden zelf in schrijden
Door de godenlooze tijden,
Enkel kenbaar den gewijden
Als hun hand den zegen breidt, —
Zingen, lief, is zich belijden
In zoo naakte heimlijkheid!

Zingen, lief, is zich versteken
In een vindbaarheid zoo schoon,
Dat naar echo-lichte woon
Onder jeugd-en-liefdes teeken
Blijde pelgrims nooit ontbreken
Tot den tol van zingens loon, —
Zingen, lief, is zich versteken
In een vindbaarheid zoo schoon!

NACHT-STILTE

Stil, wees stil: op zilvren voeten
Schrijdt de stilte door den nacht,
Stilte die der goden groeten
Overbrengt naar lage wacht...
Wat niet ziel tot ziel kon spreken
Door der dagen ijl gegons,
Spreekt uit overluchtsche streken,
Klaar als ster in licht zoû breken,
Zonder smet van taal of teeken
God in elk van ons.

VÓOR HET ONTWAKEN

Door de wijding van den morgen
   Kom ik waar gij roerloos ligt,
   Witte roos nog nachtedicht,
In den diepen droom geborgen
   Achter ooggedekt gezicht.

Met het klaren van de kleuren
   Aan der heemlen ijlen toog,
   Over aardes wijden boog
Beid ik dat uw wimpren beuren
   Boven de' afgrond van uw oog.

Dan zal ik u lang verhalen
   Van de bleeke maanflambouw,
   Van het huivrend morgengrauw,
Van der sterren laatste stralen,
   Van de bloemen in den dauw.

Hoe de blonde neevlen lichtten
    Van der aarde groen gelaat;
    En der vooglen vroegen praat;
Al de hemelsche gezichten
    Langs de blanke morgenstraat...

Totdat schoon van schoon verloren
    De verstilde heugnis wekt,
En de droom in 't licht herboren
    Heemlen uwer ziel betrekt;
Tot ook mij zal toebehooren
Wat uw trekken uitverkoren
    Met zijn blinden glans bedekt.

NA-MIDDAG

De middag waast den hemel blank,
De zee ligt als een diep en wit geheim
Dat fluistert aan de blonde bank
Zijn zilvren rijm.

De lucht is éen verklaarde wolk,
En elk geluid dat even kringt,
Verdrinkt en zinkt
In stille kolk.

Een naakte zwemmer waad ik door
De spiegelende oneindigheid:
Ver achter mij verloor
Ik aarde en tijd...

Daar is het leven weêr:
De lucht verdiept tot uwer oogen blauw,
Over de duinen als een gouden dauw
Zonk uwer haren lichtschijn neêr.

DAAR IS EEN LIED

Daar is een lied dat 'k zingen moet —
O de avondzon op 't lentegras! —
Eer de onontkoombre dood voorgoed
Mijn stille lippen vult met asch.

Wel leende ik nachten lang als knaap
Mijn hoofd aan den gesterden wand
Totdat het bloed zong in mijn slaap
Als de echo van een hemelsch land...

Wel droeg ik rijper vreugd en smart
Tot waar aan zoom van zomerzee
Het luide kloppen van mijn hart
Zong met het hart van moeder meê...

46

Daar blijft een lied dat 'k nog niet zong,
Dat 'k om zijn gouden zekerheid
Heb uitgesteld als een die jong
Uit hoog geluk steeds hooger beidt.

Ik weet dat ik het nergens zing
Dan hier waar ik uw hart hoor slaan
't Lied waarin alle lied verging
En elk ding beidt zijn nieuw bestaan...

Zoo laat mij nog in zaalge wacht:
Het hoogste heil is nimmer ver:
God zendt het in den slaap vannacht,
Ik zing het met de morgenster!

IN EENZAAMHEID

Weêr omvangt mij vroeger einder:
Al het schoon van aarde en hemel
Vloeit ineen tot de oude lijn der
Diepe zee wier lichtgewemel
   Mijner oogen jonkheid boeide
   Vóor haar vloed om u vervloeide.

O als welk een ander kind,
Armer wel en zeker droever,
Zat ik aan denzelfden oever
Eer mijn ziel u had bemind!
   Hoe verdiept de duizend glansen
   Over de' eigen spiegel dansen!

Al de brandend witte rozen,
Aller vooglen hoogste wijzen,
Sneeuwen wolken en de hoozen
Blanke sterren die er rijzen,
  Al de stralende oogenlichten
  In der menschen aangezichten:

Al de brekers op de wijde
Zee die uitvloeit aan mijn voeten,
Zijn de onafgebroken stoeten
Van het zegerijk geleide
  Waarvan de ommegang niet eindt
  Tot uw glans hem overschijnt.

OP DE THUISREIS

In het stergedoofde Zuiden,
    In het vroege ondiepe licht
    Bleekt een groote wassen maan,
Als een droom nietmeer te duiden,
    Een verduisterd zielsgezicht
    Door de dagen met ons gaan.

Naar het Oosten reikt mijn reizen,
    Waar de diepe horizon
    Achter donkre heuvlen brandt:
Van hun toppen zie ik rijzen
    Straks de stille gouden zon
    Over 't onbegrensde land.

Weinig lange weken straalden
  Zon en maan voor oog en voet
  Vreemde paden schoon en licht —
Nimmer week, wat rees of daalde,
  Aan de kimmen van 't gemoed
  Weêrglans van uw aangezicht.

Eer een tweede zon zal stijgen,
  Nacht de komst der maan vermoedt,
  De eerste ster door 't donker bloedt,
Zien mijn oogen weêr ziels eigen
  Vaste zon, uw oog doorgloed
  Van het licht dat ebt noch vloedt!

GEZELSCHAP OP DEN WEG

Wij zullen zeker samen gaan
Den korten weg elk tot zijn schat:
Tot waar de rosse hemelbaan
Rookt boven lampverlichte stad:
  Elk naar het naaste doel van eigen hart:
  Ik naar geluk, en gij naar smart.

Hoe kan het zijn dat lach en woord
Waarin mijn ziel heur heil besomt,
De hoogheid van uw smart niet stoort?
Hoe dat uw oog zich niet vermomt,
  Maar naar mijn oogen schreien kan
  Als aan de borst van even eenzaam man?

Met toortsen in den vroegen nacht,
Met lichte zangen in den dag
Heeft Vreugd mij langs den weg gewacht;
Ik ging aan haar voorbij met effen lach.
En u heeft menigmalen Smart ontmoet
En won alleen gesloten groet?

Zoo vinden Droef en Blij elkaêr,
Twee zwervers in het vreemde land,
En door der onbekenden schaar
Gaan zij een eind weegs hand in hand,
En in den gouden klank van de eigen moeder-
taal
Wordt vreugd en smart hetzelfde hoog verhaal.

KIND DER AARDE

Nu kom ik elken nacht, Moeder, slapen bij u
thuis:
Geen afstand in den avond scheidt mij van uw
liefdelichte huis.

Voorgoed uit al Gods sterren ken ik de eigen
moeder mijn:
Daar is niets in de wijde heemlen als uw oogenschijn.

Hoe vindt de schaamte mijner oogen, Moeder,
u onveranderd schoon;
Hoe bleeft gij trouw en goed, Moeder, voor
den ontrouwen zoon!

54

Ik slaap zooals een ongeboren kind zoû slapen
in uw schoot,
En drink uw koele donkre kracht in nachte-
lijken dood,

En elken nieuwen morgen in het nieuwe licht
Rijs ik op sterker vleuglen, Moeder, weg uit
uw gezicht:

Al ziel en vogel die zijn moêheid dichtst aan
uw hart verslaat,
Die stijgt en zingt het naast bij God met iedren
dageraad...

Zoo laat mij elken nacht, Moeder, slapen bij u
thuis:
Mij kan geen afstand scheiden, Moeder, van uw
liefdelichte huis!

EEN OUD LIED

Ik zag uw ziel in oogenschijn
Beluistren als een schoon verhaal
Dit oude lied in vreemde taal,
Dus mag het niet vergeten zijn:

Zoo vele lange dagen scheen
De heete zomerzon:
De wateremmer in de bron
Schuurde langs 't droge steen.

De laatste straal der zon verblonk,
De maan besteeg haar volle wacht.
„Ik kan wel voor éen zomernacht
Buiten mijn avonddronk.

Maar waar vind 'k water voor de bloem
Die 'k draag zoolang ik 't leven weet,
Op aller dagen simpel kleed
Als eengen witten roem?"

De kelk hing neêr aan dorren steel.
Heur blank gezicht werd als 't gelaat
Van een ziek kind dat sterven gaat.
Zoo leî 'k haar naast mij op de peel.

Mijn ziel zocht rusteloos en loom
Door 't graf van 't ijle donker rond
Dien tijdeloozen nacht, maar vond
De deur niet naar den lichten droom.

Ik hoorde vallen één voor één
Mijn eigen tranen door de stilt,
Die welden stadig, warm en zilt,
Tusschen geloken leên.

Wit keek de morgen door den kier.
De wind stak op om 't eenzaam huis;
De hemel brak in koel geruisch;
De regen sloeg op veld en dier.

Ik rees en stond, mijn hand ontsloot
De ramen van het breed kozijn;
De kamer liep vol vochten schijn —;
Daar lag de bloem als bloed zoo rood.

Teêr droeg ik haar, een kind dat sliep,
Naar buiten waar de regen viel.
De roode bloem, mijn eigen ziel
Dronken het leven lang en diep.

Daar smolt de zon door wolkenwand,
In 't Westen rees de regenboog;
Diep uit het bloemehart omhoog
Reukte de geur als offerand.

Nu houdt zij steeds haar aardsche kleur,
Mijn roode bloem, mijn roode lust —
Maar, hemel al op aard bewust,
'Haar' gansche ziel werd geur!

Ik zag uw ziel in oogenschijn
Beluistren als een schoon verhaal
Dit oude lied in vreemde taal,
Dus mocht het niet vergeten zijn.

EEN ANDER OUD LIED

Laat nimmer af te vragen
  Uw zoeten bruidegoom:
Wat hij onthoudt bij dage,
  Dat brengt hij in den droom.
  Ook ik ging vroeger arm en blind,
  Een onbewust verloren kind, —
Ik dacht niet eens aan klagen:
Zoo licht leken de dagen!

Toch had ik niet gevonden
  Door minnen en verlangen veel
Aan zijne roode wonden
  Mijn klein en eigen deel.
  Daar lag ik neder in den nacht —
  Hij kwam zoo stil en ongedacht
Of hij mijn ziel behoefde
Nog vóor zij zich bedroefde.

60

In witte-rozengaarde
   Verrees mij zijn gezicht
Als boven zomersche aarde
   De maan vroeg-avonds licht.
   Als dauw die daalt door dorstig groen,
   Als zoele regen door den noen,
Door het doorgeurde loover
Zoo boog hij tot mij over.

Gelijk een droom in droomen
   Is van zijn lieflijkheid
Over mijn ziel gekomen
   De volle aanwezigheid:
   Geen ding is, dat de weelde van
   Zoo diep geluk verbeelden kan,
Als waken nooit zal weten
En nimmer kan vergeten.

Hij kuste niet mijne oogen
   Of mijnen warmen mond,
Hij heeft mijn hand getogen
   Aan zijner handen wond.

Zijn voet beroerde mijnen voet;
De volheid van mijn hartebloed
Sprong, een fontein zoo blijde,
Aan zijn doorstoken zijde.

Gelijk een vrouw in baren
Zoo lag ik roereloos:
Zijn wonden in mij waren
Als doorn en roode roos.
Toen week zijn glanzend aangezicht
Als maan verbleekt in morgenlicht:
Nog rook ik hemels geuren
Toen ik den dag zag kleuren.

De vogels werden luide
Op 't scheemrend aardgezicht.
Als jongste zijner bruiden
Stond ik in 't witte licht —
De zwelling mijner zijde was
Gesloten als een zuivre vaas;
Mijn hand en voet verbleven
Uit blanke sneeuw gedreven.

Laat nimmer af te vragen
   Uw zoeten bruidegoom;
Wat hij onthoudt bij dage,
   Dat brengt hij in den droom.
   O heimelijke heerlijkheid
   Van dagen arm en onbenijd,
Die werdt éen zalig smachten
Naar zijn doorzonde nachten!

BIJ EEN DOODE

I

Lief, ik kan niet om hem weenen
 Waar hij stil en eenzaam ligt
In het schoon doorzichtig steenen
 Masker van zijn aangezicht
Dat de dingen er om henen
 Met zijn bleeke toorts belicht.

Lief, ik kan geen tranen vinden
 Als mijn hart hem elders peist,
Waar zijn ziel met de beminde
 Sterren van den avond rijst
En ons, dagelijks verblinden,
 Hooger wegen wijst.

64

Naar de heemlen van de lage zoden
  Stijg' de gouden offervlam!
Wie kan weenen naar de vroeg vergoden
  Die de dood ons halen kwam? —
Tranen, lief, zijn enkel voor de dooden
  Die het leven nam.

MORGEN

Morgen moet gij zeker komen:
Morgen wordt een dag der dagen,
Morgen worden duizend vragen,
Schijn en schaduw weggenomen;
    Morgen moet gij zeker komen!

Door de schemerijle wanden
Van het ondiep zomerduister
Tasten oogen, tasten handen
Naar den morgenlijken luister
    Achter schemerijle wanden.

Maan met helle schaduwstrooken
Heeft de heemlen overtogen,
Dat aan aardes peel gedoken
Onze zielen rusten mogen,
    In den diepen slaap gedoken...

Morgen wordt een dag der dagen:
Morgen moet gij zeker komen:
Schijn en schaûw van duizend vragen
Worden morgen weggenomen:
    Morgen wordt een dag der dagen!

Elke zon stijgt vroeger, lichter
Boven glans van dauwen wazen;
Iedere avond haalt ons dichter
In zijn sterrenvol verbazen,
    Lichten achter lichten lichter.

Teêrder voelt ons hart zijn vader
Neigen naar zijn innger missen;
Zachter trekt zijn liefde ons nader
Aan zijn harts geheimenissen —
    Lief, het hart van welk een vader!

Immer sterker en gezonder
Waakt de ziel met klaarder oogen
Tot zij straks het louter wonder
Zien aan nevellooze bogen,
    Niets meer dan het louter wonder...

NOCTURNE

En waart gij nimmer zelf gekomen,
En had geluk slechts kunnen zijn
Van teёrst gemis de waterklare pijn
En tegen de' achtergrond der bonte droomen
Lichtschaduw van uw verren schijn,
Uw zon die nimmer boven kimmelijn
Rees uit oneindigheids verstilde stroomen, —

Ik zie geen ander doel voor 't eenzaam wachten
Der gouden dagen, der juweelen nachten,
Geen inniger en dieper smaken
Van de eeuwigheid in aardes brood,
Geen naadren weg tot God te naken,
Geen zachter peluw voor den langen dood...

70

In werelds tuin, tusschen Gods vaste lichten
En aardes jarelijks verjongd gelaat,
Hier waar in 't spel van zon en maan
De wolkalleeën opengaan
Tot al de spraaklooze gedichten
Der hemelsche gezichten,
Had ik verwacht uw dageraad:

'k Had u verwacht zooals wij beiden
In dit geduld zonder verwijt
En onvoorwaardelijk verblijden
God wachten op zijn eigen tijd,
Wij twee die samen daaglijks deelden
Van liefdes boom de vrucht zoo scherp en zoet,
En proefden in haar nasmaaks sidderende weelde
De heerlijkheid die Hem vermoedt.

DE WOLKEN SPIEGLEN

De wolken spieglen in de zee.
Het is geen avond en geen nacht:
Geen schijn van zon of maan of ster
Vloeit door het hooge koele blauw
Achter het windloos vlotte zwerk:
Niets glanst in hemel of op aard
Dan enkel uw verklaard gezicht.
Het is geen avond en geen nacht;
De wolken spieglen in de zee.

Wij zitten bij den top van 't duin
Hoog in de bocht van 't diepe pad;
Laag ligt gelijk een bleek ravijn
Het strand voor 't duister klimmend vlak
Der groote huiver-effen zee.

72

Het is geen avond en geen nacht:
Niets straalt dan uw verklaard gezicht.
Hoog in de bocht van 't diepe pad
Zitten wij bij den top van 't duin.

Wanneer en waar was ik nog eens
Zoo hoog en stil met u alleen,
Dat zooals nu de fletse schijn,
Weêrlicht van zomermiddagbui,
Die vaagt door uwer oogen rust,
Aleenige herinnering
Aan droom van god en wereld leek —
Wanneer en waar was ik nog eens
Zoo hoog en stil met u alleen?

Wij zitten bij den top van 't duin
Hoog in de bocht van 't diepe pad.
Achter het windloos vlotte zwerk
Vloeit door het hooge koele blauw
Geen schijn van zon of maan of ster,

Het is geen avond en geen nacht:
De wolken spieglen in de zee —
Wanneer en waar was ik nog eens
Zoo hoog en stil met u alleen?

AVOND IN 'T DUIN

Uit de glansgevloerde plassen
Rijzen goudge wolkewallen
Op in glooiende terrassen
Naar der heemlen open hallen.

Boven staat de lucht bezonken
Tot een meer van lichtblauw donker,
Even hier en ginds doorblonken
Van het ijlste stergeflonker.

Achter ons langs Oosterkimmen
Over duistre menschenlanden
Gaan de strakke banen glimmen
Waar de steden lampen branden.

75

Wij in Liefdes wisselkleeden
Kunnen over waatren vloeren
De gepade wolken treden,
Die ons tot de goden voeren...

Maar wij zullen door de dichte
Volken langs de lage wegen
Dragen op onze aangezichten
Hunnen sprakeloozen zegen;

Want dit hebben wij verkozen
Boven hemelen en goden:
Bij de donkre vreugdeloozen
't Lichte lot van Liefdes boden!

MAANLICHT

Het maanlicht vult de zuivre heemlen
  Met glanzende geheimenis,
De luisterblauwe verten weemlen
  Van Die alom en nergens is.

Alleen de groote zonnen hangen
  Als feller kaarsen in dien schijn:
De ziel herdenkt heur lang verlangen
  In nietsverlangend zaligzijn:

Alsof van achter diepe slippen
  Haar dolend tasten eindlijk vond
Met hare warme blinde lippen
  Nog lichter lust dan uwen mond.

Weg boven dood en leven zweven
   Wij op in duizelhellen schrik:
O kort en onbegrensd beleven
   Van eeuwigheid in oogenblik!...

Het maanlicht vult de zuivre heemlen
   Met glanzende geheimenis,
De luisterblauwe verten weemlen
   Van Die alom en nergens is.

EINDELOOS

Wij die onze eenzaamheid
Droegen als goden,
Wij kunnen minnen
Eindeloos...

Zie welk een huis ons
Verlangen gebouwd heeft:
Landen en zeeën
Plaveien zijn vloeren,
Zonlicht en maanschijn
Zoldren de kameren,
Achter de sterren
Wijken de tinnen —
Wij kunnen minnen
Eindeloos...

Lief, dat gij mijn zijt,
Lief, dat ik uw ben,

Wat is het anders
Dan de diep-eerlijke
Grondlooze klaarheid
Onzer onneembaarheid:
't Wolkloos bezinnen
Dat wij beminnen
Eindeloos...?

Leven is groeien:
Enkel oneindigheid
Waarborgt ons liefde, lief,
't Eeuwige leven, lief, —
Leven was groeien, lief,
Eindeloos:
Nu wordt het bloeien, lief,
Eindeloos...

Wij die onze eenzaamheid
Droegen als goden,
Wij kunnen minnen
Eindeloos!

SPROKKEL-ZOMER

Als een wolk van zalige oogen,
Uit het land waar 't eeuwig zomert
Opgevangen in de teêrheid
Van matzilvren spiegels, hangt het
Wonder van den gouden middag
Over winterzee en -stranden,
Aureool van weinige uren
Om den lichtbloei onzer oogen...

Die de dalen uwer stilten
Bedt temidden van de stormen,
Die de schrijnen uwer heemlen
Boven ons verlangen opent,
Stem ons dagen en ons nachten
Tot éen biddend ademhalen,

Maak ons steeds bereid en waardig
Zooals nu in ons te ontvangen
Van uw lijf en bloed den zegen
Uit uw schaduwlooze handen.

WAKE

Slaap zal tot mijn ziel niet naken
   Door den stillen lichten nacht:
Dit is haar beloofde wake
   In geluks bewuste macht.

Aan mijn hoofd genegen rust uw
   Aangebeden aangezicht —
Ziel van uit haar heemlen kust u
   In het heimlijk manelicht.

Eindlijk eindelijk gekomen
   Telt uw hart den tijd aan 't mijn —
Ziel spant over uwe droomen
   Hooger dan de nachteschijn.

Straks als Morgens gouden voeten
Klimmen uit het Oosterdal,
Zal haar glimlach u begroeten
In den glimlach van 't heelal.

LACH EN TRANEN

Lach en tranen worden zelden
Aan de heemlen onzer oogen,
Als naast zuivre glansdoorwelde
Maan de ster vergeet te schijnen,
Als aan blauw doorzonde bogen
Gulden nevelen verdwijnen.

Dieper lachen, zachter weenen
Ruischen door den klaren nacht;
Oogen op hun stille wacht,
Al de heemlen om ons henen
Luisteren verrukt naar éene:
Hoe ziel weent en lacht.

LAATSTE ZOMERDAG

Al de gouden middaguren
Van de zonnen die verzonken,
Stralen door dit blankdoorblonken
Blindend dak van blauwe muren
   Op den stervensstillen lach
   Van den laatsten zomerdag.

In de dalen van de duinen
Huivren wondre schemeringen
Om de helderheid der dingen;
En geen aêm vleugt langs de kruinen;
   Dieper dan de middagvreê
   Hijgt de stilte van de zee.

Als verwaasde glanzen dalen
Door de sidderende luchten
Vlakker al de breede vluchten

Van verzilverd gouden stralen,
  Tot de glans in gloed ontblaakt
  Waar hij Zomers peluw raakt...

Mogen liefdes gouden uren
Die uw oogen zijn vergeten
Tot éen glans van hemelsch weten,
Zóo uw witte peluw vuren,
  Ziel mijn ziel, waar uw gezicht
  In zijn laatsten glimlach ligt!

DAAR RUIMT DE WIND...

Daar ruimt de wind en vaagt de heemlen schoon.
Vanavond nog zult gij verheerlijkt zijn
Wanneer de winden sluimren aan uw troon,
De sterren vlammen in uw baldakijn:

Als tusschen u en uw oneindigheid
De schaduw valt, en in dat klaar gewelf
Uw blank geluk dat god noch mensch benijdt,
Niets ziet weèrspiegeld dan zijn glimlach zelf:

O Ziel die alles wat uw wil bedroeft,
Van voor uw aangezicht hebt weggedaan,
Die alle schoon, zoovaak uw liefde 't hoeft,
Roept met éen blik der oogen tot bestaan:

88

Vanavond nog zult gij verheerlijkt zijn
Wanneer de winden sluimren aan uw troon,
De sterren vlammen in uw baldakijn:
De ruime wind vaagt al de heemlen schoon.

LIEFDES AVONDLIED

Zienlijk wordt de wereld bleek,
    Welhaast zal het nachten —
'k Weet, de woorden die ik spreek,
    Zijn mijn liefs gedachte:

Goddlijk is ons zuiver staan
    Boven 't lage duister —
Goddlijker is ondergaan
    In vermeerden luister.

Enkel die wij waardig zijn,
    Zullen tot ons neigen —
Enkel die ons waardig zijn,
    Kunnen tot ons stijgen.

Die belijdt denzelfden naam,
    Liefdes vrome zonen,
In een eeuwig licht verzaam
    Zult gij met ons wonen:

Kinderen die sterreklaar
    Lachen wilt of schreien:
Tot steeds breeder heller schaar
    Gaat geluk gedijen...

Alzijds staat de wereld bleek
    Om ons lichte wachten —
'k Weet, de woorden die ik spreek,
    Zijn mijn liefs gedachte.

ZONNE-KUS

Reikt nog eens zijn stralen armen
   De verbannen zomerzon?
Komt één uur weêr de aarde warmen
   Zijner oogen liefdebron?

Zie, haar loome wimpren trillen,
   Lach verzweemt langs lippezoom...
Maar geen hartstocht zal haar tillen
   Uit de diepten van haar droom.

Ziel alleen liet zich niet sussen
   In der neevlen koele dons...
Slechts gelijken kunnen kussen.
   Lief, zijn kus is heel voor ons!

MAARTSCHE SNEEUW

Als onaantastbaar manna ligt
Op Maartsche sneeuw het nieuwe licht
   Van de' eersten lentedag —
Nooit in zoo overdaadgen val
Vond mij het blond geluk in al
   De lenten die ik zag...

In welke schuren opgeleid,
Wordt iedre gomer zaligheid
   Voor de eeuwigheid bewaard,
Dat alle ziel die eerlijk mint,
In nieuw geluk de som herwint
   Van al geluk verjaard?...

O kind dat zong hoe niets beklijft,
Hoe elke zomer overdrijft
  En niet één bloem ons laat,
Hoe alle loon van lieven is
De dieper vore van gemis
  In 't vleesch van uw gelaat —

Nu blijkt uw goddelijkste goed
Dat ge al bezit verzaken moet
  En immer ledig scheidt,
Daar dorst van ongemengd gemis
Alleen door zanden wildernis
  Naar nieuwe tochten leidt.

Nu blijkt uw huis dit zalig veld
Waar manna dauwt en water welt
  Uit lucht en bodem braak:
Hemelsche spijs en drank waarvan
Geen sterveling onthouden kan
  Den smakeloozen smaak...

Als dood nog anders is dan rust,
Een nieuwe droom en zielsbewust,
    Ik hoop geen rijker deel
Dan deze diepe heerlijkheid:
Mijn hof dien sneeuw- en zonglans wijdt
    Tot dit verlucht priëel...

Als onaantastbaar manna ligt
Op Maartsche sneeuw het nieuwe licht
    Van de' eersten lentedag —
Nooit in zoo overdaadgen val
Vond mij het blond geluk in al
    De lenten die ik zag.

VREDE

Daar blijft een zegen dien de ziel
Nog maar aan levens einder ziet:
Daar zweeft een dauw die nimmer viel,
  In 't avondlijk verschiet:

Vóordat de hemel guldt en roodt,
Rijst uit het klare kimmediep
Het zeil van die nabije boot
  Die nimmer binnenliep:

O vreê waarvan de heete dorst
Al koeler laaft dan aardsche bron,
Ik weet, gij daalt niet in mijn borst
  Dan met de laatste zon.

96

BIJ DE LAMP

Bij de lamp blijf ik alleen.
Waar uw kus en lach verdween,
Sluit de stilte rond mij heen

Tot den effen glans waarin,
Liefelijkste droombegin,
Ik mij klaarst op u bezin.

En mijn oogen lezen niet
't Oud verhaal van vreemd verdriet,
Waar ik straks den wijzer liet...:

Door bezonken wolkepracht,
Heel den dag om u herdacht,
Gaat de ziel in,tot haar nacht:

Door zoo helder avondrood
Naar een nacht zoo diep en groot
Als uit leven naar den dood:

Of ge al zonder morgen ging
Buiten levens duistren ring
Rusten in verheerlijking,

Wijl ik hier bij 't lampelicht,
De oogen naar mijn boek gericht,
Nog wat van u droom en dicht,

Tot het uur van slapen slaat
En niets blijft dan uw gelaat
Als de droom in droom vergaat.

HERDENKEN

Nimmer zal de ziel vergeten
Schoone wereld waar zij leerde
Wat gemis niet had geweten
Dat zij de eeuwen lang begeerde:

O te lachen, o te weenen,
Zich in lach en tranen geven,
Tot te lachen of te weenen
Wordt der lichte ziel om 't even:

O te weenen, o te lachen
Tot de neevlen zijn doorschenen,
En haar weenen wordt als lachen,
En haar lachen is als weenen:

Land van lachen en van schreien
Tot de stille dood haar strekte,
Waar haar smart en haar verblijen
Al de zuivere echo's wekte,

Nimmer zal de ziel vergeten
Schoone wereld waar zij leerde
Wat zij zelf niet had geweten
Dat zij de eeuwen lang begeerde.

INHOUD

BEGINREGELS

Boek-, Courant- en Steendrukkerij G. J. Thieme, Nijmegen.

CPSIA information can be obtained
at www.ICGtesting.com
Printed in the USA
BVOW00s1759301016

466312BV00013B/492/P